Impressum
Verlag: BABADADA GmbH, Nedderfeld 112 , 22529 Hamburg
Geschäftsführer / Verlagsleitung: Harald Hof
Druck: Books on Demand GmbH, In de Tarpen 42, 22848 Norderstedt

Imprint
Publisher: BABADADA GmbH, Nedderfeld 112 , 22529 Hamburg, Germany
Managing Director / Publishing direction: Harald Hof
Print: Books on Demand GmbH, In de Tarpen 42, 22848 Norderstedt

el colegio
skóli

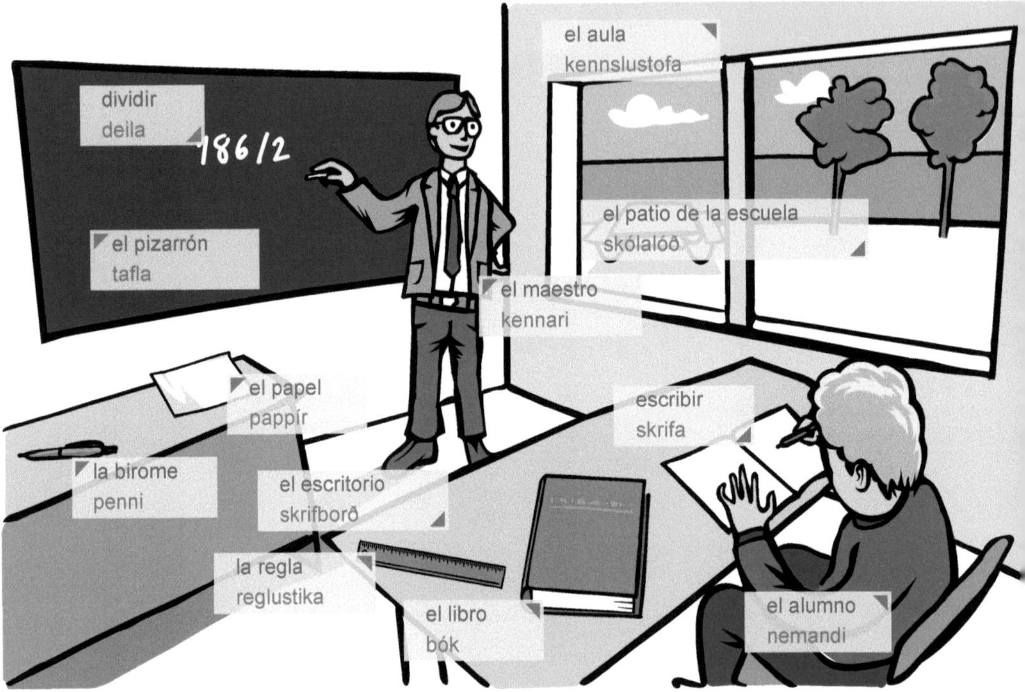
el aula
kennslustofa
dividir
deila
186/2
el pizarrón
tafla
el patio de la escuela
skólalóð
el maestro
kennari
el papel
pappír
escribir
skrifa
la birome
penni
el escritorio
skrifborð
la regla
reglustika
el libro
bók
el alumno
nemandi

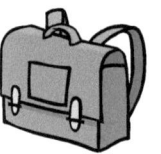

la mochila

skólataska

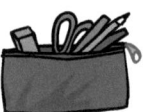

la caja de lápices

pennaveski

el lápiz

blýantur

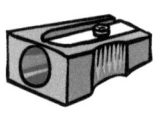

el sacapuntas

yddari

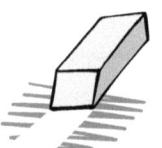

la goma (de borrar)

strokleður

el bloc de dibujo

teikniblað

el dibujo

teikning

el pincel

pensill

la caja de pinturas

litakassi

la tijera

skæri

el pegamento

lím

el cuaderno de ejercicios

æfingabók

la tarea

heimavinna

12

el número

númer

2+2

sumar

leggja saman

5-2

restar

draga frá

2×2

multiplicar

margfalda

calcular

reikna

A

la letra

bréf

ABCDEFG HIJKLMN OPQRSTU VWXYZ

el abecedario

stafróf

la palabra

orð

el texto

texti

leer

lesa

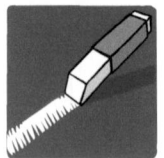

la tiza

krít

la lección

kennslustund

el cuaderno de clase

kladdi

el examen

próf

el certificado

vottorð

el uniforme escolar

skólabúningur

la educación

menntun

la enciclopedia

alfræðirit

la universidad

háskóli

el microscopio

smásjá

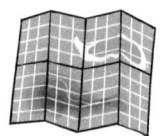

el mapa

kort

el tacho (de basura)

ruslakarfa

el viaje
ferðalög

el hotel
hótel
Grand
el hostel
farfuglaheimili
la casa de cambio
gjaldeyrisskipti
la valija
ferðataska
el auto
bíll

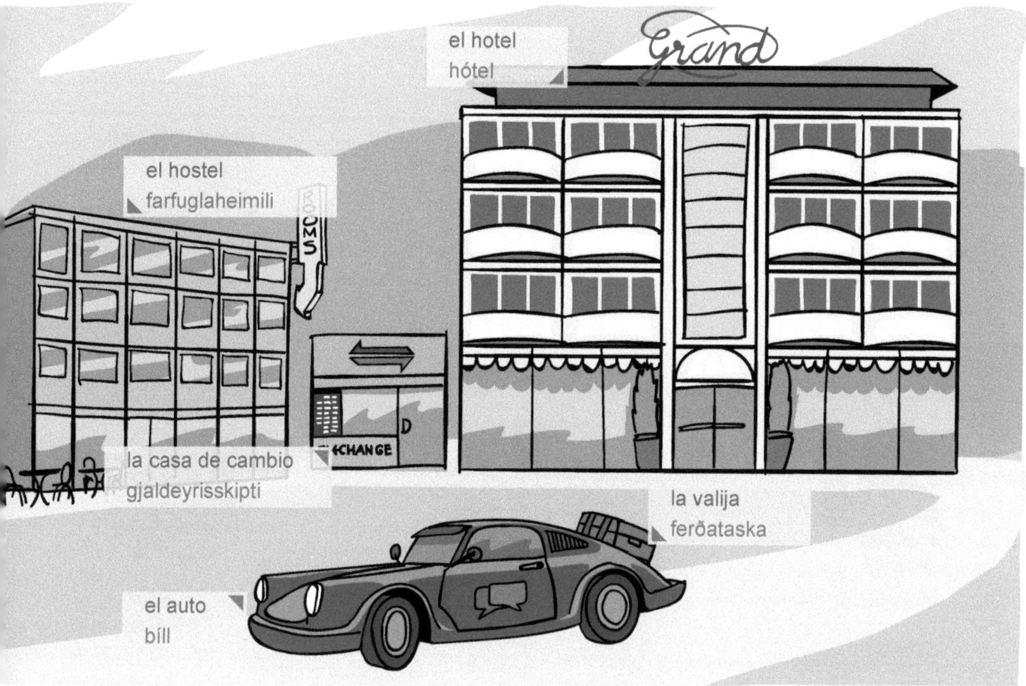

el idioma

tungumál

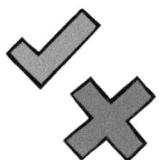

sí / no

já / nei

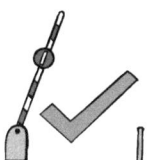

Está bien

allt í lagi

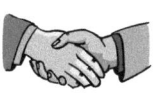

hola

halló

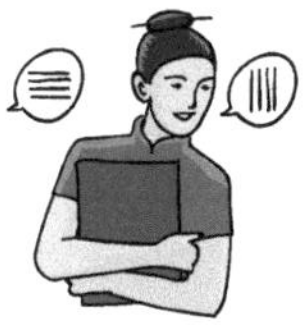

el traductor

þýðandi

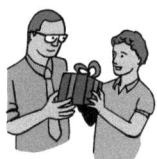

Gracias

takk fyrir

¿cuánto cuesta...?

hvað kostar...?

No entiendo

Ég skil ekki

el problema

vandamál

¡Buenas tardes!

Gott kvöld!

¡Buenos días!

Góðan dag!

¡Buenas noches!

Góða nótt!

el adiós

bless bless

la dirección

átt

el equipaje

farangur

el bolso

taska

la mochila

bakpoki

el invitado

gestur

la habitación

herbergi

la bolsa de dormir

svefnpoki

la carpa

tjald

la información turística

upplýsingamiðstöð

la playa

strönd

la tarjeta de crédito

kreditkort

el desayuno

morgunverður

el almuerzo

hádegisverður

la cena

kvöldmatur

el pasaje

farmiði

el ascensor

lyfta

el sello

frímerki

la frontera

landamæri

la aduana

tollur

la embajada

sendiráð

la visa

vegabréfsáritun

el pasaporte

vegabréf

el transporte
samgöngur

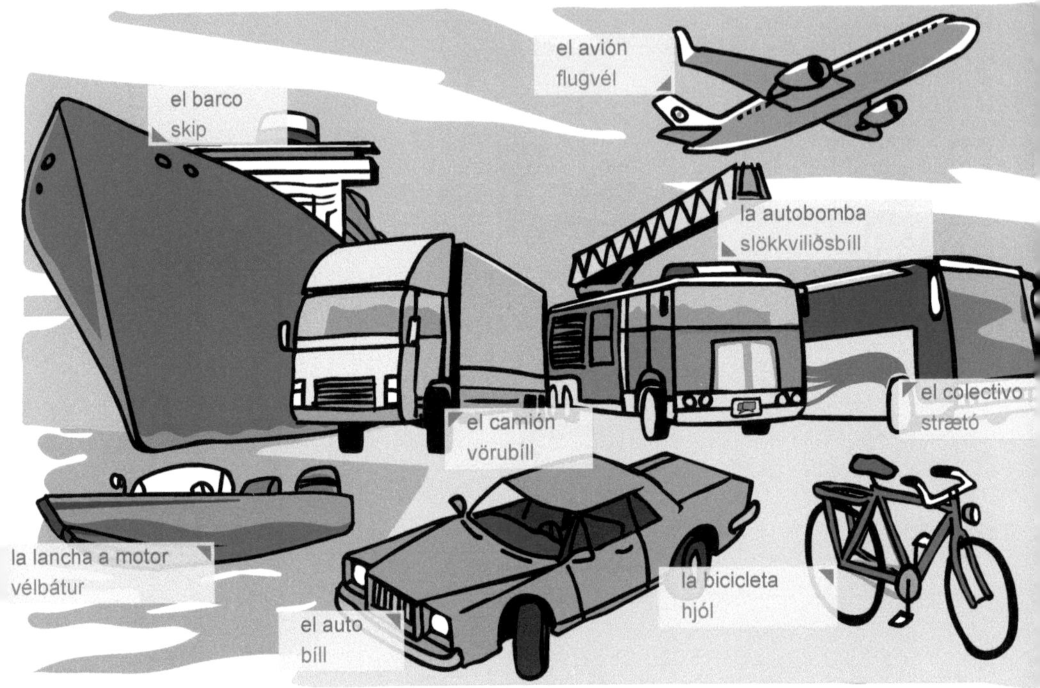
el avión
flugvél
el barco
skip
la autobomba
slökkviliðsbíll
el colectivo
strætó
el camión
vörubíll
la lancha a motor
vélbátur
la bicicleta
hjól
el auto
bíll

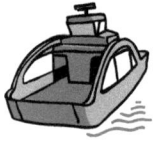

el ferry

ferja

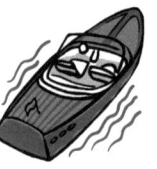

el bote

bátur

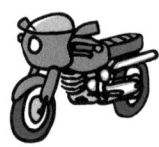

la moto

mótorhjól

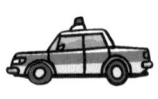

el patrullero

lögreglubíll

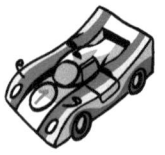

el auto de carreras

kappakstursbíll

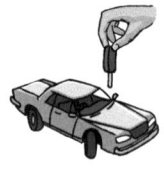

el auto de alquiler

bílaleigubíll

el alquiler de autos

bílasamneyti

la grúa

dráttarbíll

el camión de la basura

öskubíll

el motor

vél

la nafta

eldsneyti

la estación de servicio

bensínstöð

la señal de tránsito

umferðarskilti

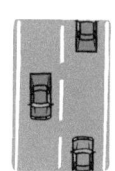

el tránsito

umferð

el embotellamiento

umferðarteppa

el estacionamiento

bílastæði

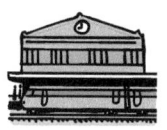

la estación de tren

lestarstöð

las vías

járnbrautarteinar

el tren

lest

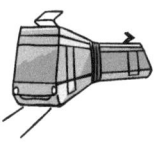

el tranvía

sporvagn

el vagón

vagn

el helicóptero
þyrla

el aeropuerto
flugvöllur

la torre
turn

el pasajero
farþegi

el contenedor
gámur

la caja de cartón
pappakassi

la carretilla
kerra

la canasta
karfa

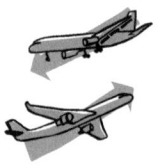

despegar / aterrizar
takast á loft / lenda

la ciudad

borg

el pueblo
þorp

el centro de la ciudad
miðbær

la casa
hús

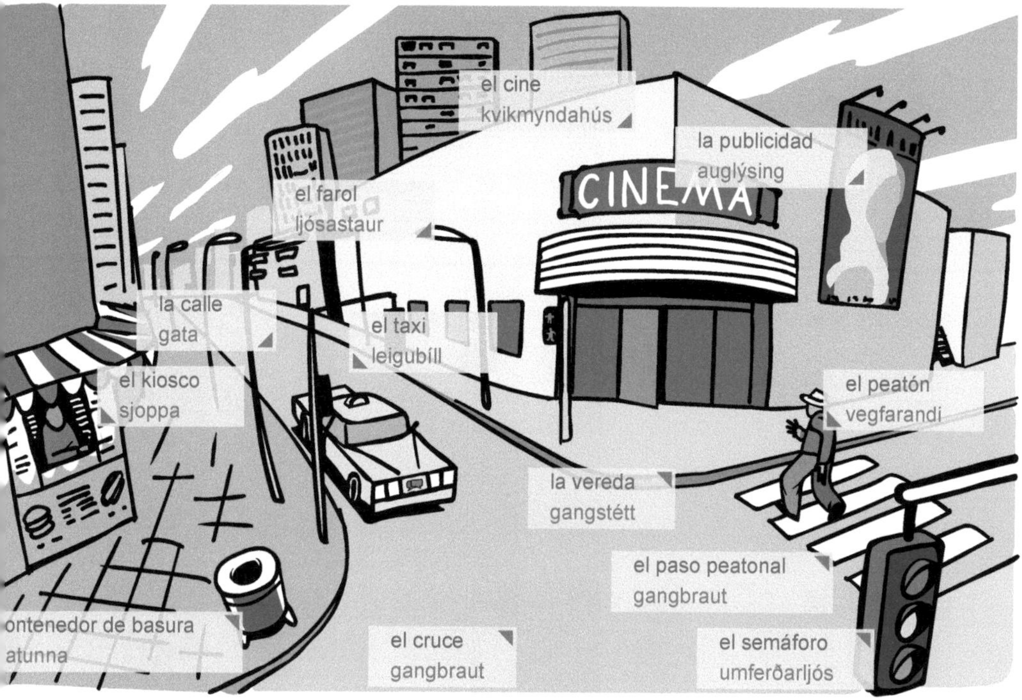

el cine
kvikmyndahús

la publicidad
auglýsing

el farol
ljósastaur

la calle
gata

el taxi
leigubíll

el kiosco
sjoppa

el peatón
vegfarandi

la vereda
gangstétt

el paso peatonal
gangbraut

ontenedor de basura
atunna

el cruce
gangbraut

el semáforo
umferðarljós

la cabaña
skáli

el departamento
íbúð

la estación de tren
lestarstöð

la municipalidad
ráðhús

el museo
safn

el colegio
skóli

la ciudad - borg

11

la universidad

háskóli

el banco

banki

el hospital

sjúkrahús

el hotel

hótel

la farmacia

apótek

la oficina

skrifstofa

la librería

bókabúð

el negocio

búð

la florería

blómabúð

el supermercado

kjörbúð

el mercado

markaður

las grandes tiendas

stórmarkaður

la pescadería

fiskbúð

el centro comercial

verslunarmiðstöð

el puerto

höfn

el parque

almenningsgarður

el banco

bekkur

el puente

brú

las escaleras

stigi

el subte

neðanjarðarlest

el túnel

göng

la parada del colectivo

biðstöð

el bar

bar

el restaurante

veitingastaður

el buzón

póstkassi

el letrero

götuskilti

el parquímetro

stöðumælir

el zoológico

dýragarður

la pileta

sundlaug

la mezquita

moska

la granja
bær

la contaminación
mengun

el cementerio
kirkjugarður

la iglesia
kirkja

los juegos infantiles
leiksvæði

el templo
musteri

el paisaje
landslag

la hoja
laufblað

el poste indicador
leiðarvísir

el camino
leið

la pradera
engi

la piedra
steinn

el excursionista
göngufólk

el árbol
tré

el río
á

la hierba
gras

la flor
blóm

el valle

dalur

la montaña

hæð

el lago

stöðuvatn

el bosque

skógur

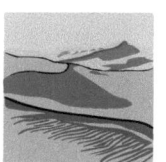

el desierto

eyðimörk

el volcán

eldfjall

el castillo

kastali

el arco iris

regnbogi

el champiñón

sveppur

la palmera

pálmatré

el mosquito

moskítófluga

la mosca

fluga

la hormiga

maur

la abeja

býfluga

la araña

kónguló

el escarabajo

bjalla

la rana

froskur

la ardilla

ikorni

el erizo

broddgöltur

la liebre

héri

la lechuza

ugla

el pájaro

fugl

el cisne

svanur

el jabalí

villisvín

el ciervo

dádýr

el alce

elgur

la presa

stífla

el aerogenerador

vindmylla

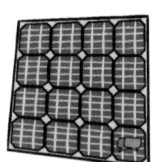

el panel solar

sólarrafhlaða

el clima

loftslag

el restaurante
veitingastaður

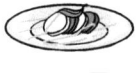

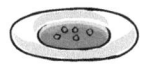

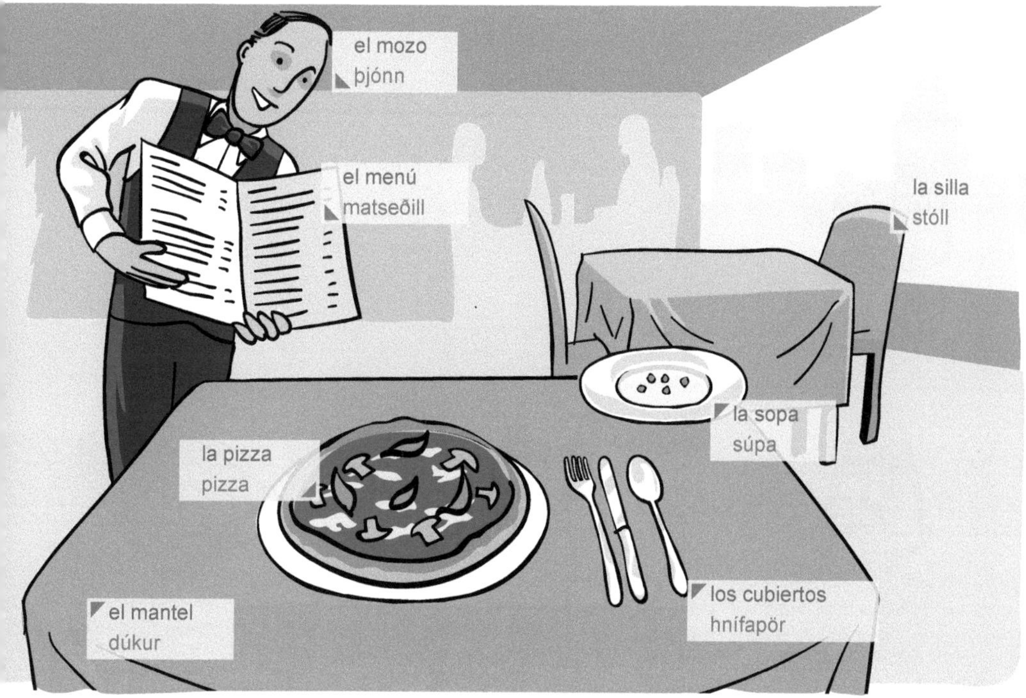

el mozo
þjónn
el menú
matseðill
la silla
stóll
la sopa
súpa
la pizza
pizza
el mantel
dúkur
los cubiertos
hnífapör

la entrada
forréttur

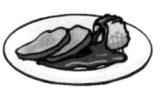

el plato principal
aðalréttur

el postre
eftirréttur

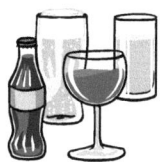

las bebidas
drykkir

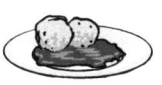

la comida
matur

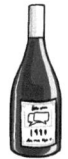

la botella
flaska

la comida rápida

skyndibiti

la comida callejera

götumatur

la tetera

teketill

la azucarera

sykurskál

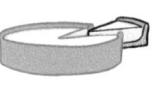

la porción

skammtur

la cafetera expreso

espressovél

la sillita alta

barnastóll

la cuenta

reikningur

la bandeja

bakki

el cuchillo

hnífur

el tenedor

gaffall

la cuchara

skeið

la cucharita

teskeið

la servilleta

servíetta

el vaso

glas

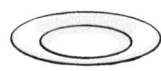

el plato

diskur

el plato hondo

súpudiskur

el plato

undirskál

la salsa

sósa

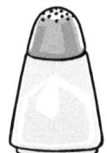

el salero

saltstaukur

el molinillo de pimienta

piparkvörn

el vinagre

edik

el aceite

olía

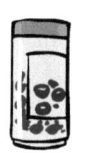

las especias

krydd

el kétchup

tómatsósa

la mostaza

sinnep

la mayonesa

majónes

el supermercado
kjörbúð

la oferta especial
tilboð
FOR
el cliente
viðskiptavinur
los lácteos
mjólkurvörur
la fruta
ávöxtur
el changuito
búðarkerra

BUTCHERS

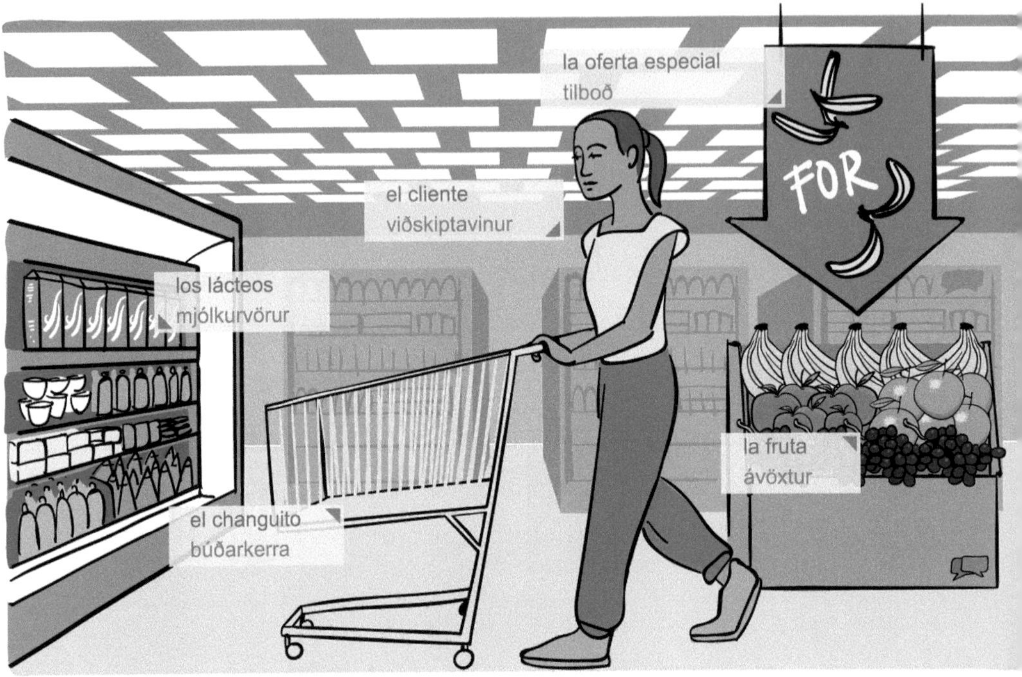

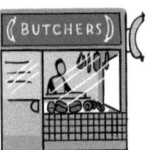

la carnicería

slátrari

BAKERY

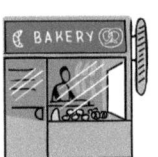

la panadería

bakarí

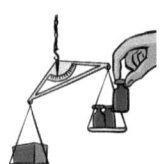

pesar

vega

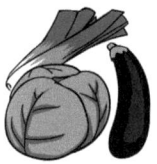

las verduras

grænmeti

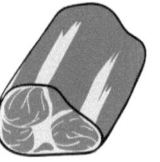

la carne

kjöt

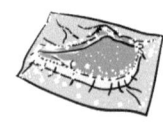

los alimentos congelados

frosinn matur

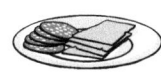
los fiambres
kjötálegg

los alimentos enlatados
niðursoðinn matur

el detergente en polvo
þvottaefni

las golosinas
sælgæti

los electrodomésticos
vörur til heimilisnota

los productos de limpieza
hreinsiefni

la vendedora
afgreiðslukona

la caja
afgreiðslukassi

el cajero
gjaldkeri

la lista de compras
innkaupalisti

el horario de atención
opnunartímar

la billetera
veski

la tarjeta de crédito
kreditkort

la cartera
poki

la bolsa de plástico
plastpoki

el agua

vatn

el jugo

safi

la leche

mjólk

la bebida cola

kók

el vino

vín

la cerveza

bjór

el alcohol

áfengi

el cacao

kakó

el té

te

el café

kaffi

el café expreso

espresso

el cappuccino

kaffi

la banana

banani

la manzana

epli

la naranja

appelsínugulur

el melón

melóna

el limón

sítróna

la zanahoria

gulrót

el ajo

hvítlaukur

el bambú

bambus

la cebolla

laukur

el champiñón

sveppir

las nueces

hnetur

los fideos

núðlur

los tallarines

spagettí

el arroz

hrísgrjón

la ensalada

salat

las papas fritas

franskar kartöflur

las papas fritas

steiktar kartöflur

la pizza

pizza

la hamburguesa

hamborgari

el sándwich

samloka

el churrasco

snitsel

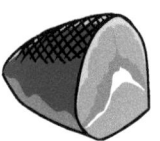

el jamón

skinka

el salame

salami

la salchicha

pylsa

el pollo

kjúklingur

el asado

steik

el pescado

fiskur

los copos de avena

haframjöl

el muesli

múslí

los copos de maíz

kornflögur

la harina

hveiti

la medialuna

franskt horn

el pancito

smábrauð

el pan

brauð

la tostada

ristað brauð

las galletitas

kex

la manteca

smjör

la cuajada

ystingur

la torta

kaka

el huevo

egg

el huevo frito

spælt egg

el queso

ostur

el helado

ís

el azúcar

sykur

la miel

hunang

la mermelada

sulta

la pasta de chocolate

súkkulaðiálegg

el curry

karrý

la granja
bær

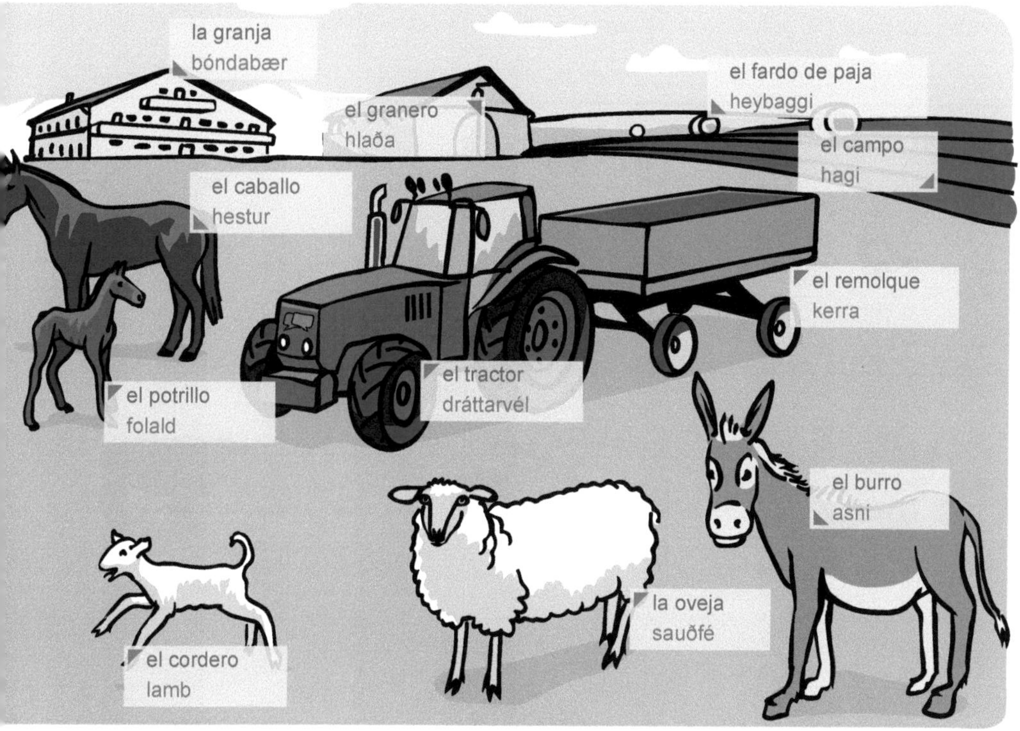

la granja
bóndabær
el granero
hlaða
el fardo de paja
heybaggi
el campo
hagi
el caballo
hestur
el remolque
kerra
el tractor
dráttarvél
el potrillo
folald
el burro
asni
la oveja
sauðfé
el cordero
lamb

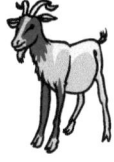

la cabra
geit

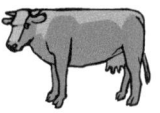

la vaca
kýr

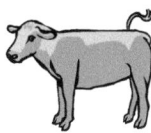

el ternero
kálfur

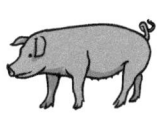

el cerdo
svín

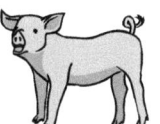

el lechón
grís

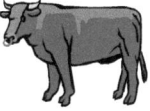

el toro
naut

el ganso

gæs

el pato

önd

el pollo

ungi

la gallina

hæna

el gallo

hani

la rata

rotta

el gato

köttur

el ratón

mús

el buey

uxi

el perro

hundur

la cucha

hundakofi

la manguera

garðslanga

la regadera

garðkanna

la guadaña

ljár

el arado

plógur

la hoz

sigð

la azada

hlújárn

la horquilla

heygaffall

el hacha

öxi

la carretilla

hjólbörur

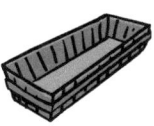

el abrevadero

trog

la lechera

mjólkurfata

la bolsa

poki

la reja

girðing

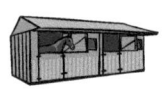

el establo

gripahús

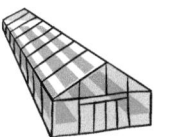

el invernadero

gróðurhús

el suelo

jarðvegur

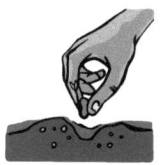

la semilla

fræ

el fertilizador

áburður

la cosechadora

kornskurðarvél

cosechar

uppskera

la cosecha

uppskera

las batatas

kínverskar kartöflur

el trigo

hveiti

la soja

soja

la papa

kartafla

el maíz

maís

la semilla de colza

repja

el árbol frutal

ávaxtatré

la mandioca

maníókarót

los cereales

korn

la casa
hús

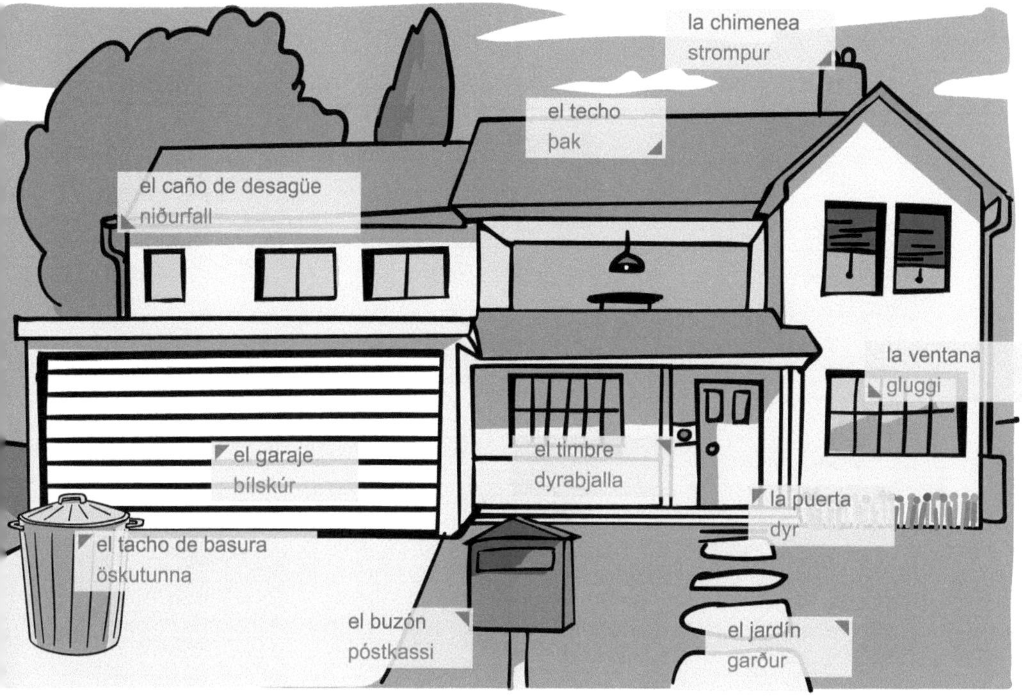

la chimenea
strompur
el techo
þak
el caño de desagüe
niðurfall
la ventana
gluggi
el garaje
bílskúr
el timbre
dyrabjalla
la puerta
dyr
el tacho de basura
öskutunna
el buzón
póstkassi
el jardín
garður

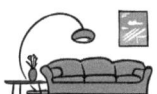

el living

stofa

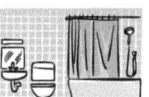

el baño

baðherbergi

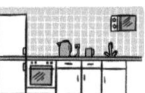

la cocina

eldhús

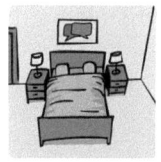

el dormitorio

svefnherbergi

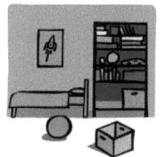

el cuarto de los chicos

barnaherbergi

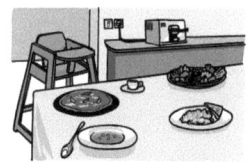

el comedor

borðstofa

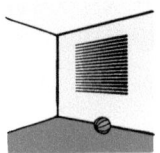

el piso

gólf

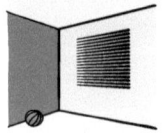

la pared

veggur

el cielorraso

loft

el sótano

kjallari

el sauna

gufubað

el balcón

svalir

la terraza

verönd

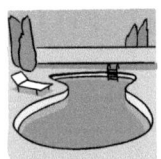

la pileta

sundlaug

la cortadora de pasto

sláttuvél

la sábana

lak

el acolchado

rúmteppi

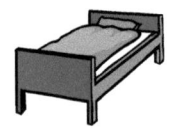

la cama

rúm

la escoba

kústur

el balde

fata

el interruptor

rofi

el living
stofa

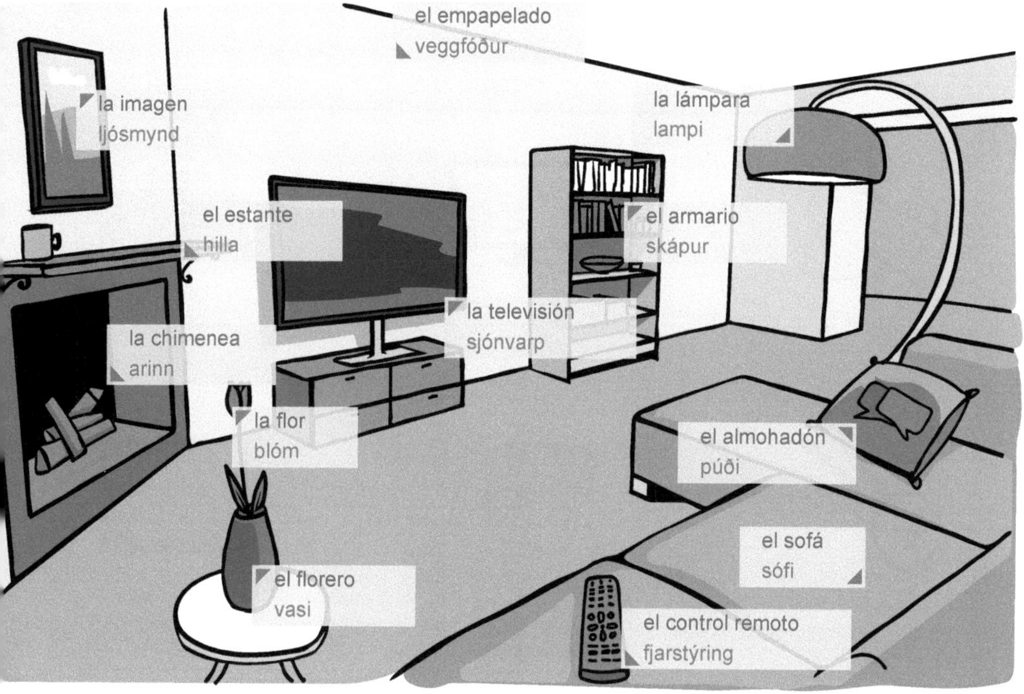

el empapelado
veggfóður
la imagen
ljósmynd
la lámpara
lampi
el estante
hilla
el armario
skápur
la televisión
sjónvarp
la chimenea
arinn
la flor
blóm
el almohadón
púði
el sofá
sófi
el florero
vasi
el control remoto
fjarstýring

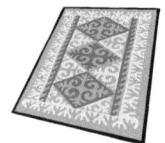

la alfombra

teppi

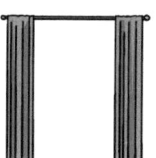

la cortina

gardínur

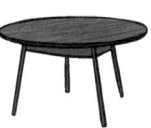

la mesa

borð

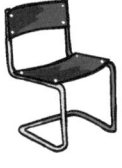

la silla

stóll

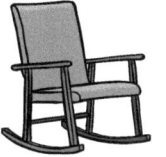

la mecedora

ruggustóll

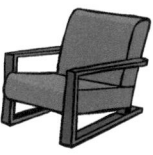

el sillón

hægindastóll

el libro

bók

la frazada

sæng

la decoración

skraut

la leña

eldiviður

la película

mynd

el equipo de música

hljómflutningstæki

la llave

lykill

el diario

dagblað

la pintura

málverk

el póster

veggspjald

la radio

útvarp

el cuaderno

minnisbók

la aspiradora

ryksuga

el cactus

kaktus

la vela

kerti

la cocina
eldhús

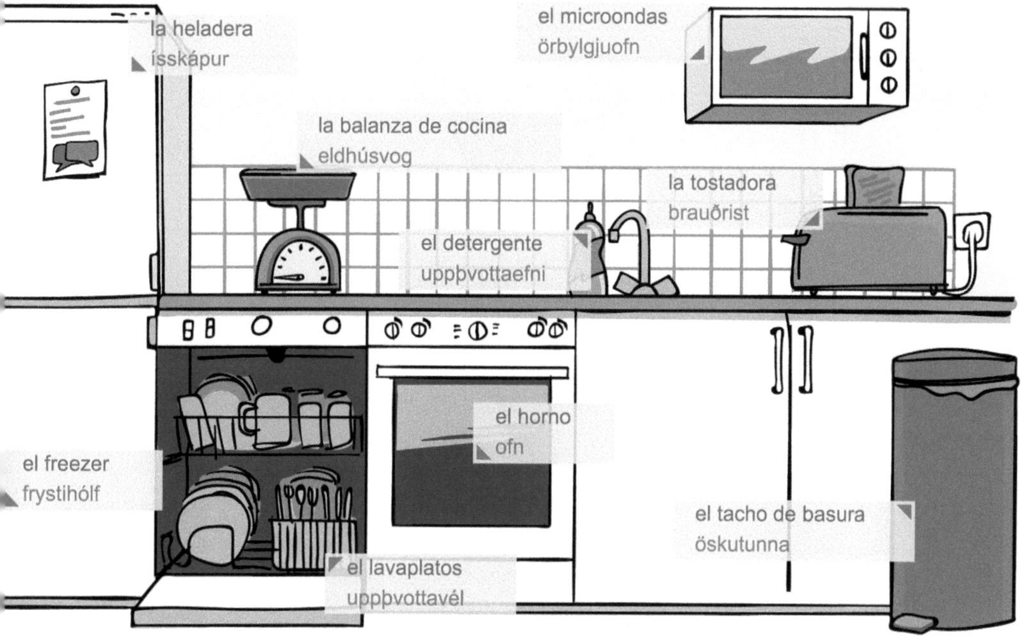

la heladera
ísskápur
el microondas
örbylgjuofn
la balanza de cocina
eldhúsvog
la tostadora
brauðrist
el detergente
uppþvottaefni
el horno
ofn
el freezer
frystihólf
el tacho de basura
öskutunna
el lavaplatos
uppþvottavél

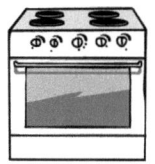

la cocina
eldavél

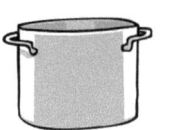

la olla
pottur

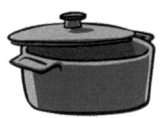

la olla de hierro fundido
steypujárnspottur

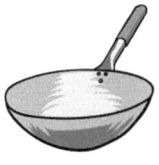

el wok
wok/kadai

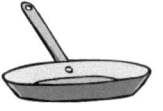

la sartén
panna

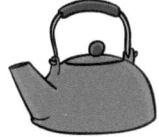

la pava
ketill

la vaporera

gufukarfa

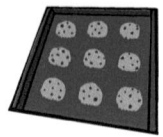

la bandeja de horno

ofnform

la vajilla

leirtau

la taza

mál

el bol

skál

los palitos

prjónar

el cucharón

ausa

la espátula

spaði

la batidora

pískur

el colador

sigti

el colador

málmsigti

el rallador

rifjárn

el mortero

mortél

la parrilla

grill

la fogata

opinn eldur

la tabla de picar

skurðarbretti

el palo de amasar

kökukefli

el sacacorchos

tappatogari

la lata

dós

el abrelatas

dósaopnari

la manopla

pottaleppur

la pileta

vaskur

el cepillo

bursti

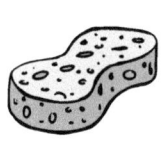

la esponja

svampur

la batidora

blandari

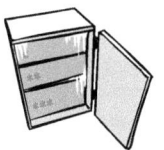

el congelador

frystir

la mamadera

peli

la canilla

blöndunartæki

el baño

baðherbergi

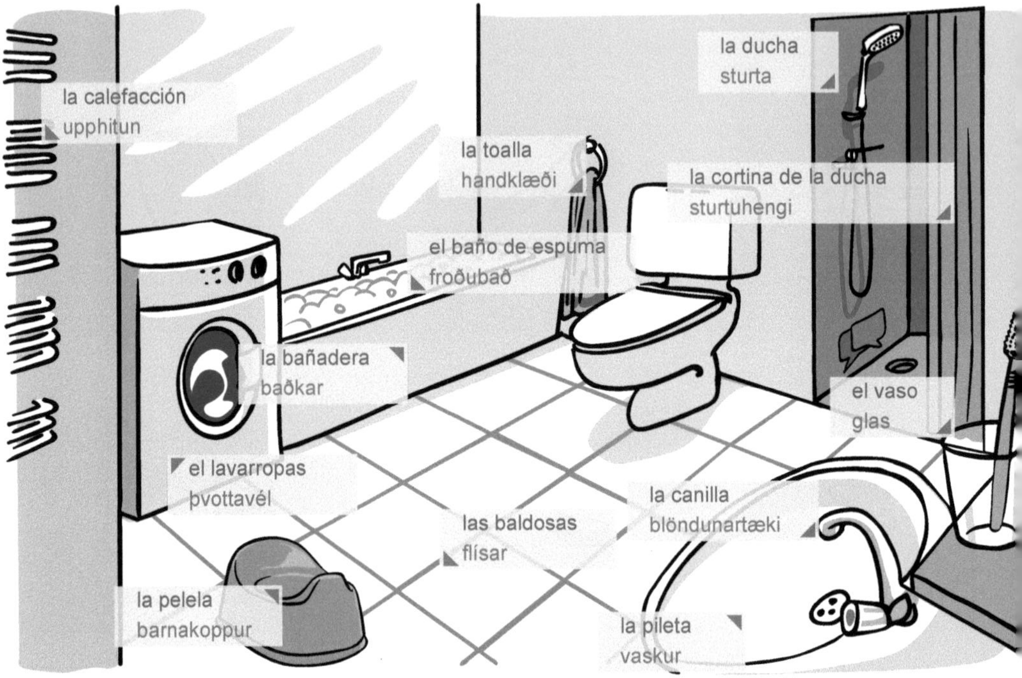
la calefacción
upphitun
la toalla
handklæði
la ducha
sturta
la cortina de la ducha
sturtuhengi
el baño de espuma
froðubað
la bañadera
baðkar
el vaso
glas
el lavarropas
þvottavél
las baldosas
flísar
la canilla
blöndunartæki
la pelela
barnakoppur
la pileta
vaskur

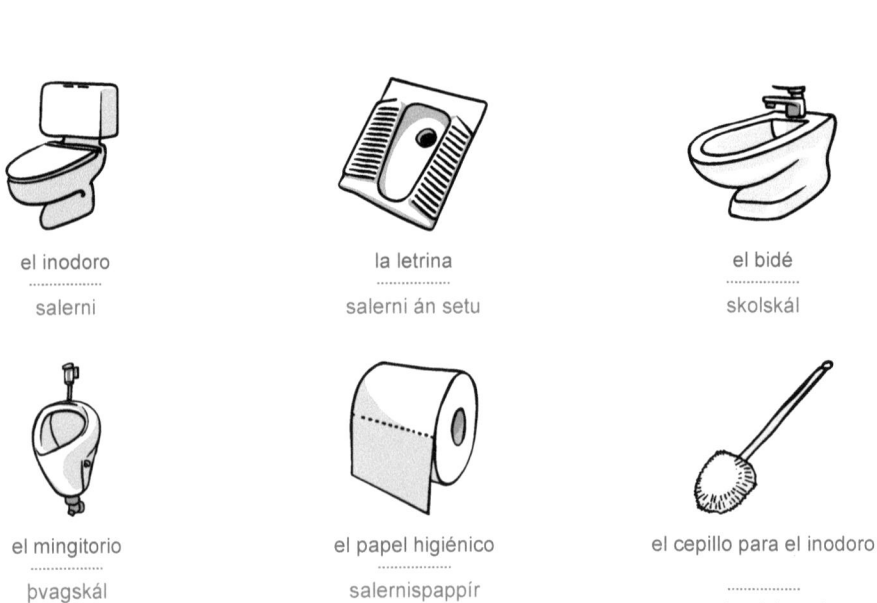

el inodoro

salerni

la letrina

salerni án setu

el bidé

skolskál

el mingitorio

þvagskál

el papel higiénico

salernispappír

el cepillo para el inodoro

salernisbursti

el cepillo de dientes

tannbursti

el dentífrico

tannkrem

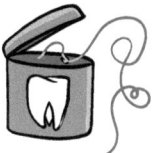

el hilo dental

tannþráður

lavar

þvo

la ducha de mano

handsturta

la ducha higiénica

salernissturta

la palangana

vaskur

el cepillo para la espalda

bakbursti

el jabón

sápa

el gel de ducha

sturtugel

el shampoo

sjampó

la toallita

flannel

el desagüe

niðurfall

la crema

krem

el desodorante

svitalyktareyðir

el espejo

spegill

el espejito

handspegill

la maquinita de afeitar

rakskafa

la espuma de afeitar

raksápa

el aftershave

rakspíri

el peine

greiða

el cepillo

bursti

el secador de pelo

hárþurrka

el spray

hársprey

el maquillaje

farði

el lápiz de labios

varalitur

el esmalte para uñas

naglalakk

el algodón

bómull

la tijera para uñas

naglaklippur

el perfume

ilmvatn

el portacosméticos

þvottapoki

la banqueta

kollur

la balanza

vog

la bata

sloppur

los guantes de goma

gúmmíhanskar

el tampón

tíðatappi

la toallita femenina

dömubindi

el baño químico

efnasalerni

el cuarto de los chicos
barnaherbergi

el despertador
vekjaraklukka
el peluche
mjúkt leikfang
el coche de juguete
leikfangabíll
el sonajero
hrista
la casa de muñecas
dúkkuhús
el regalo
gjöf

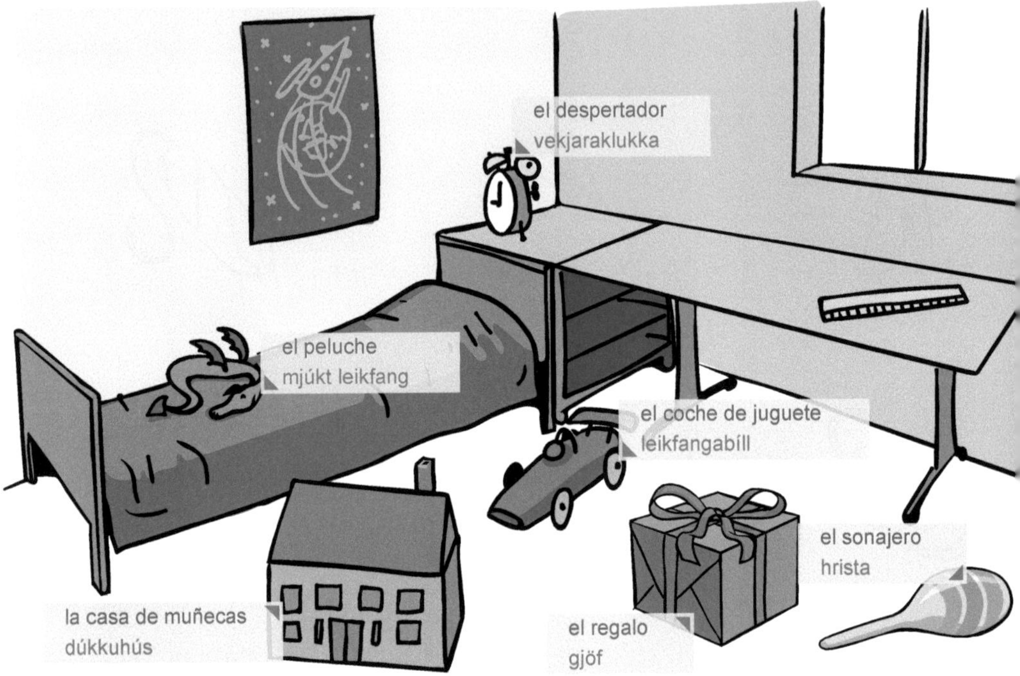

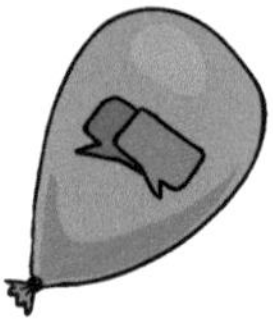

el globo

blaðra

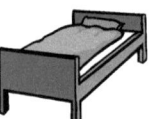

la cama

rúm

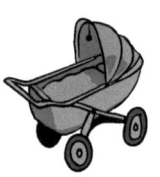

el cochecito

barnavagn

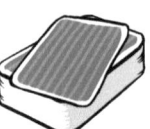

las cartas

spilastokkur

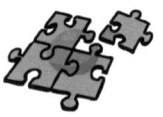

el rompecabezas

púsluspil

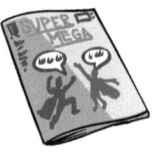

la historieta

myndasaga

las piezas de lego

legókubbar

los ladrillos de juguete

leikfangakubbar

la figura de acción

leikfangakall

el enterito (de bebé)

samfestingur

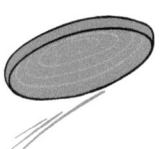

el frisbee

Frisbídiskur

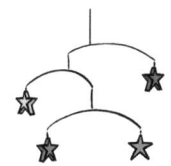

el móvil para bebés

órói

el juego de mesa

spilaborð

los dados

teningar

el tren eléctrico

lestarlíkan

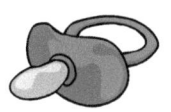

el chupete

snuð

la fiesta

veisla

el libro de cuentos ilustrado

myndabók

la pelota

bolti

la muñeca

brúða

jugar

spila

el arenero

sandkassi

la hamaca

sveifla

los juguetes

leikföng

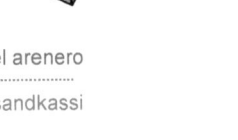

la consola de videojuegos

leikjatölva

el triciclo

þríhjól

el osito de peluche

bangsi

el armario

fataskápur

la ropa

föt

las medias

sokkar

las medias panty

kvensokkabuxur

las calzas

sokkabuxur

la bufanda
trefill

el paraguas
regnhlíf

la remera
stuttermabolur

el cinturón
belti

las botas
skór

las pantuflas
inniskór

las zapatillas
strigaskór

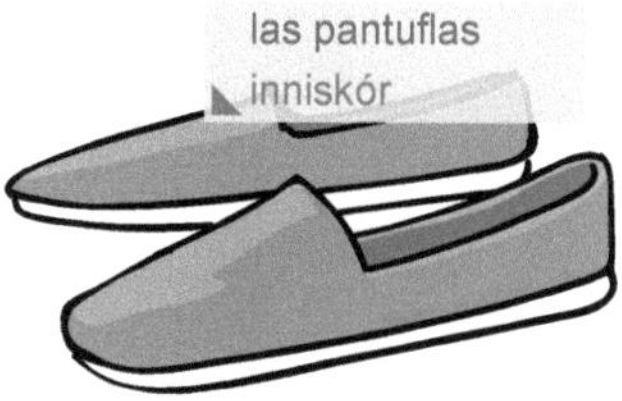

las sandalias
sandalar

los zapatos
skór

las botas de goma
gúmmístígvél

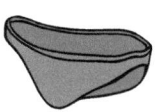

la ropa interior
nærbuxur

el corpiño
brjóstahaldari

el chaleco
vesti

el body
....
samfella

los pantalones
....
buxur

los jeans
....
gallabuxur

la pollera
....
pils

la blusa
....
blússa

la camisa
....
skyrta

el pulóver
....
peysa

el buzo
....
hettupeysa

el blazer
....
jakki

la campera
....
jakki

el tapado
....
frakki

el piloto
....
regnfrakki

el traje
....
dragt

el vestido
....
kjóll

el vestido de novia
....
brúðarkjóll

el traje

jakkaföt

el camisón

náttkjóll

el pijama

náttföt

el sari

Sari

el pañuelo para la cabeza

höfuðslæða

el turbante

túrban

la burka

búrka

el caftán

kaftan

la abaya

abaya

el traje de baño

sundföt

el short de baño

sundbuxur

los shorts

stuttbuxur

el jogging

íþróttagalli

el delantal

svunta

los guantes

hanskar

el botón

hnappur

los anteojos

gleraugu

la pulsera

armband

el collar

hálsmen

el anillo

hringur

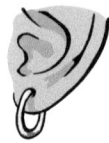

el aro

eyrnalokkur

la gorra

húfa

la percha

herðatré

el sombrero

hattur

la corbata

bindi

el cierre

rennilás

el casco

hjálmur

los tiradores

axlabönd

el uniforme escolar

skólabúningur

el uniforme

einkennisbúningur

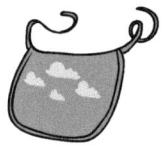

el babero

smekkur

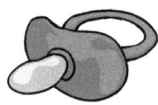

el chupete

snuð

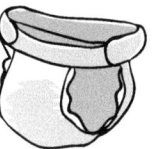

el pañal

bleyja

la oficina
skrifstofa

el servidor
netþjónn
el archivero
skjalaskápur
la impresora
prentari
el papel
pappír
el monitor
skjár
el mouse
mús
el escritorio
skrifborð
la carpeta
mappa
el teclado
lyklaborð
el tacho (de basura)
ruslakarfa
la computadora
tölva
la silla
stóll

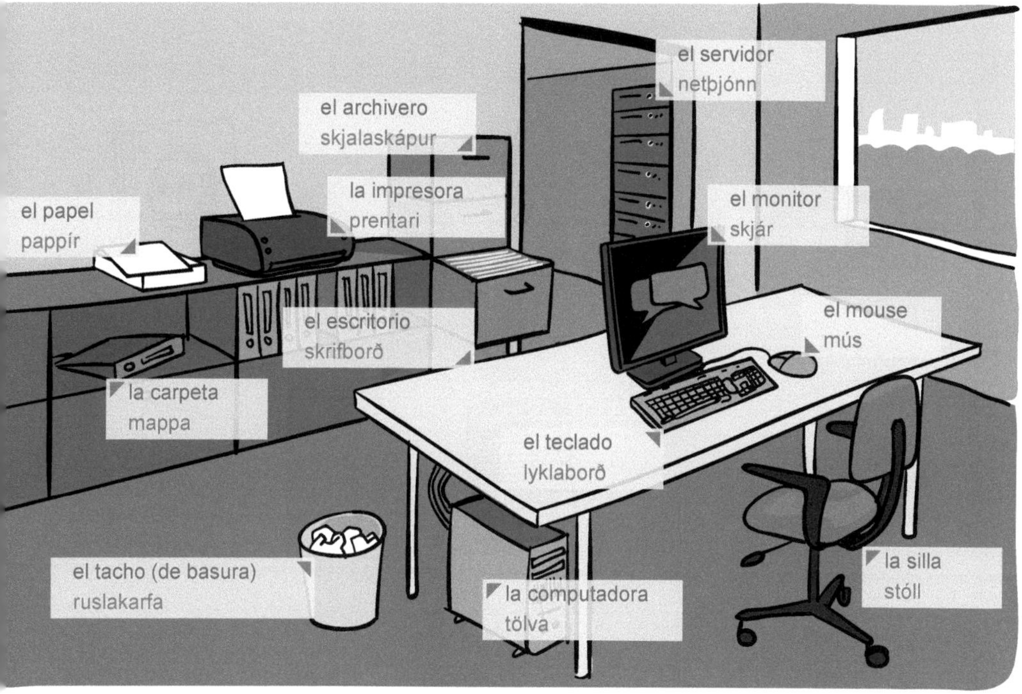

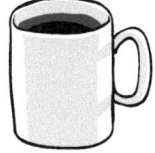

la taza de café

kaffibolli

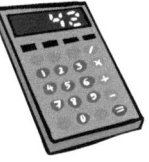

la calculadora

reiknivél

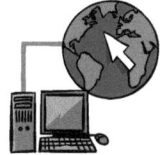

el internet

internet

la laptop
fartölva

la carta
bréf

el mensaje
skilaboð

el celular
farsími

la red
net

la fotocopiadora
ljósritunarvél

el software
hugbúnaður

el teléfono
sími

el tomacorriente
innstunga

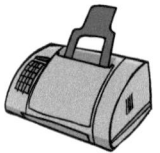

el fax
faxtæki

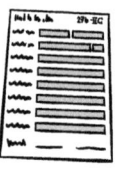

el formulario
eyðublað

el documento
skjal

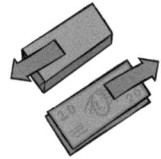

comprar

kaupa

pagar

borga

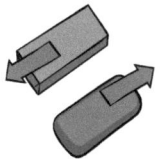

hacer negocios

versla

el dinero

peningar

el dólar

dollari

el euro

evra

el yen

jen

el rublo

rúbla

el franco suizo

svissneskur franki

el yuan

renminbi yuan

la rupia

rúpíur

el cajero automático

hraðbanki

la casa de cambio

gjaldeyrisskipti

el oro

gull

la plata

silfur

el petróleo

olía

la energía

orka

el precio

verð

el contrato

samningur

el impuesto

skattur

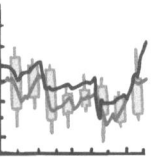

la acción

hlutabréf

trabajar

vinna

el empleado

starfsmaður

el empleador

vinnuveitandi

la fábrica

verksmiðja

el negocio

búð

las ocupaciones
starfsgreinar

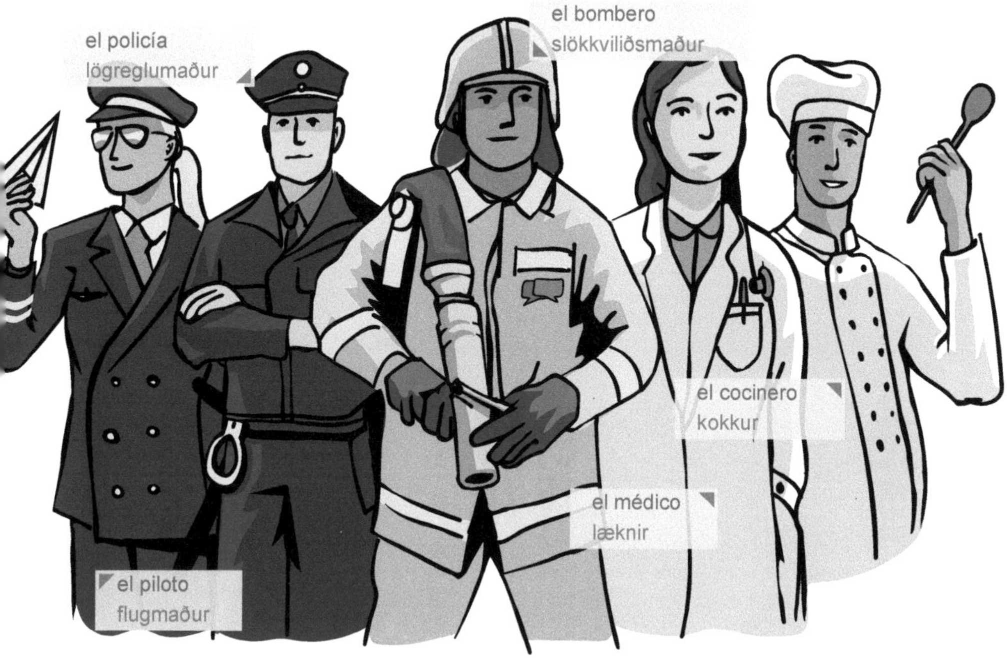
el policía
lögreglumaður
el bombero
slökkviliðsmaður
el cocinero
kokkur
el médico
læknir
el piloto
flugmaður

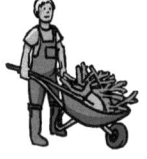

el jardinero

garðyrkjumaður

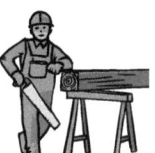

el carpintero

smiður

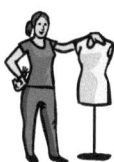

la modista

saumakona

el juez

dómari

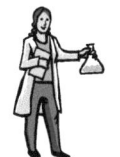

el farmacéutico

lyfjafræðingur

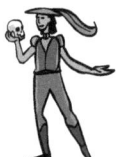

el actor

leikari

el colectivero

strætóbílstjóri

el taxista

leigubílstjóri

el pescador

sjómaður

la mucama

ræstitæknir

el techista

þaksmiður

el mozo

þjónn

el cazador

veiðimaður

el pintor

málari

el panadero

bakari

el electricista

rafvirki

el albañil

byggingaverkamaður

el ingeniero

verkfræðingur

el carnicero

slátrari

el plomero

pípari

el cartero

póstmaður

el soldado

hermaður

el arquitecto

arkitekt

el cajero

gjaldkeri

el florista

blómasali

el peluquero

hárgreiðslumaður

el cobrador

lestarstjóri

el mecánico

vélvirki

el capitán

skipstjóri

el dentista

tannlæknir

el científico

vísindamaður

el rabino

rabbíi

el imán

Imam

el monje

munkur

el sacerdote

prestur

las herramientas
verkfæri

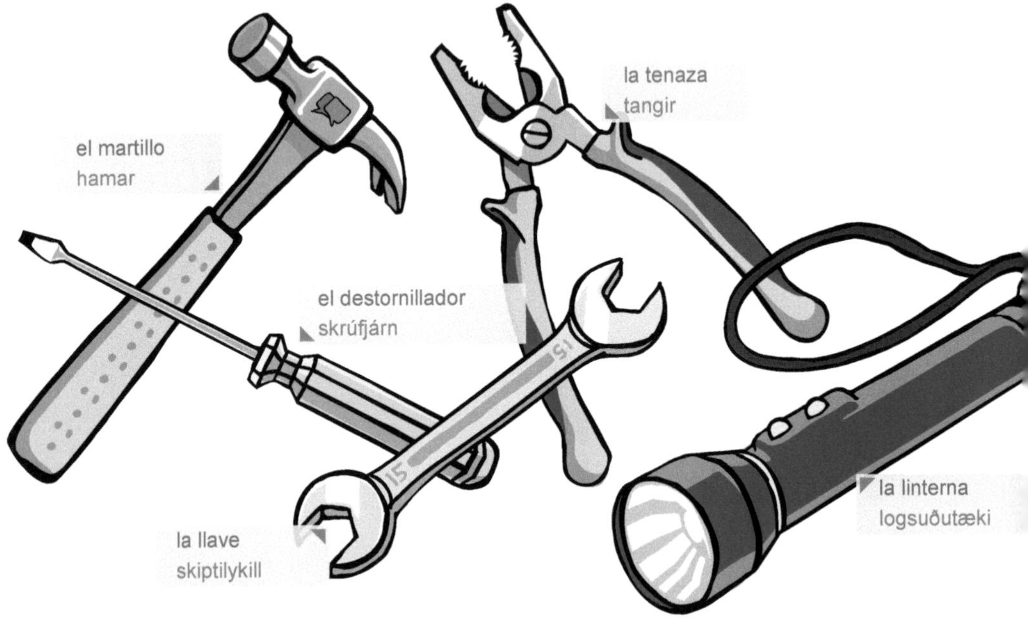
el martillo
hamar
la tenaza
tangir
el destornillador
skrúfjárn
la llave
skiptilykill
la linterna
logsuðutæki

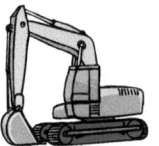

la excavadora

grafa

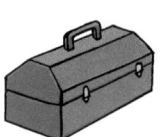

la caja de herramientas

verkfærataska

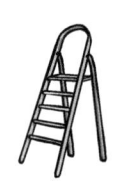

la escalera portátil

stigi

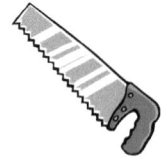

la sierra

sög

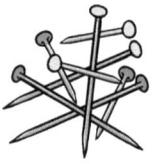

los clavos

naglar

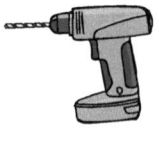

el taladro

bor

arreglar

gera við

la pala de jardín

skófla

¡Qué bronca!

Fjandinn!

la pala de plástico

fægiskófla

el tacho de pintura

málningarfata

los tornillos

skrúfur

los instrumentos musicales
hljóðfæri

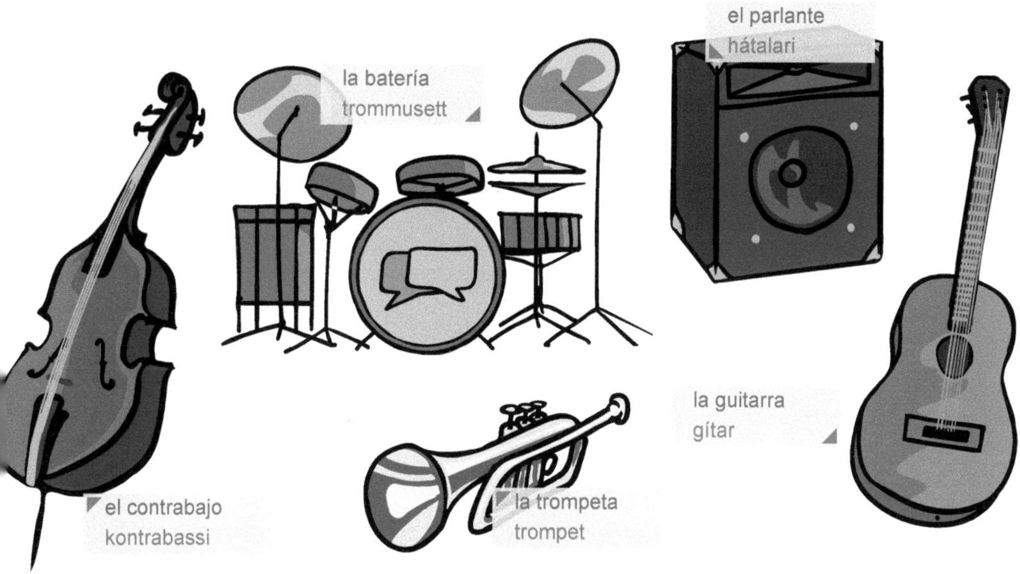

el parlante
hátalari

la batería
trommusett

la guitarra
gítar

el contrabajo
kontrabassi

la trompeta
trompet

el piano

píanó

el violín

fiðla

el bajo

bassi

los timbales

pákur

el tambor

trommur

el teclado

hljómborð

el saxofón

saxófónn

la flauta

flauta

el micrófono

hljóðnemi

el zoológico
dýragarður

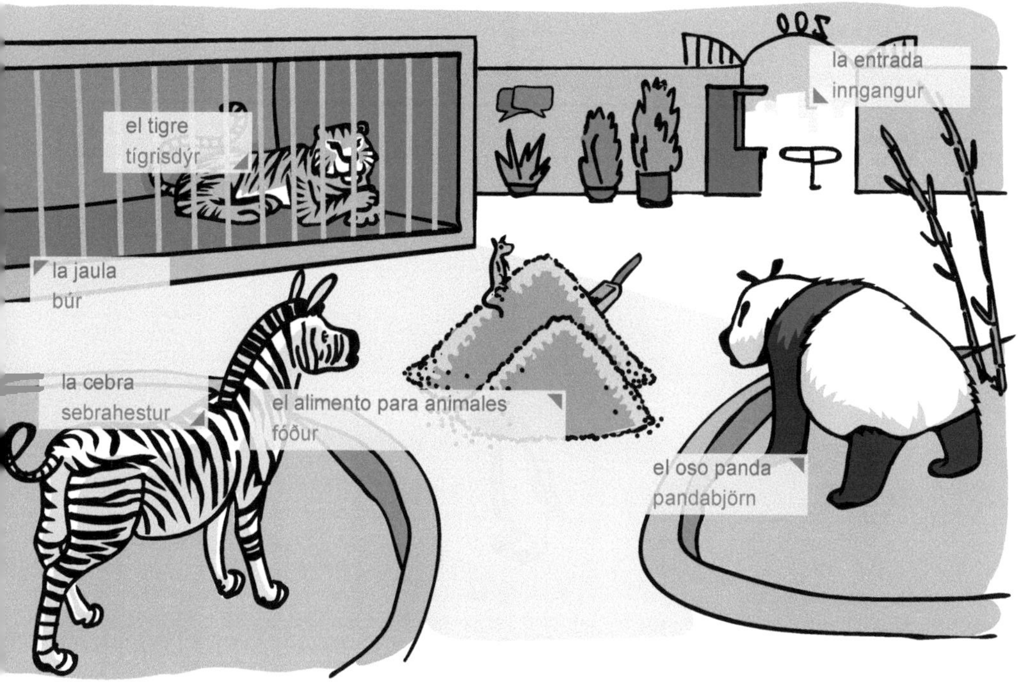
la entrada
inngangur
el tigre
tígrisdýr
la jaula
búr
la cebra
sebrahestur
el alimento para animales
fóður
el oso panda
pandabjörn

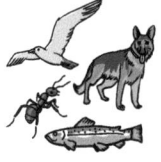

los animales
dýr

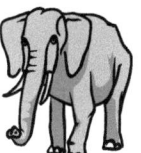

el elefante
fíll

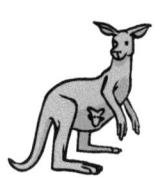

el canguro
kengúra

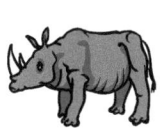

el rinoceronte
nashyrningur

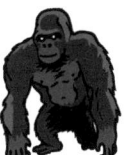

el gorila
górilla

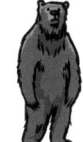

el oso
skógarbjörn

el camello

úlfaldi

el avestruz

strútur

el león

ljón

el mono

api

el flamenco

flamingó

el loro

páfagaukur

el oso polar

ísbjörn

el pingüino

mörgæs

el tiburón

hákarl

el pavo real

páfugl

la serpiente

snákur

el cocodrilo

krókódíll

el cuidador del zoológico

dýragarðsvörður

la foca

selur

el jaguar

jagúar

el poni

hestur

el leopardo

hlébarði

el hipopótamo

flóðhestur

la jirafa

gíraffi

el águila

örn

el jabalí

villisvín

el pescado

fiskur

la tortuga

skjaldbaka

la morsa

rostungur

el zorro

refur

la gacela

gasella

el fútbol americano
Amerískur fótbolti

el ciclismo
hjólreiðar

el tenis
tennis

el básquet
körfubolti

la natación
sund

el boxeo
hnefaleikar

el hockey sobre hielo
íshokkí

el fútbol

fótbolti

el bádminton

hnit

el atletismo

frjálsar íþróttir

el handball

handbolti

el esquí

skíði

el polo

póló

las actividades
athafnir

reír
hlæja
saltar
hoppa
abrazar
faðma
caminar
ganga
cantar
syngja
soñar
dreyma
rezar
biðja
besar
kyssa

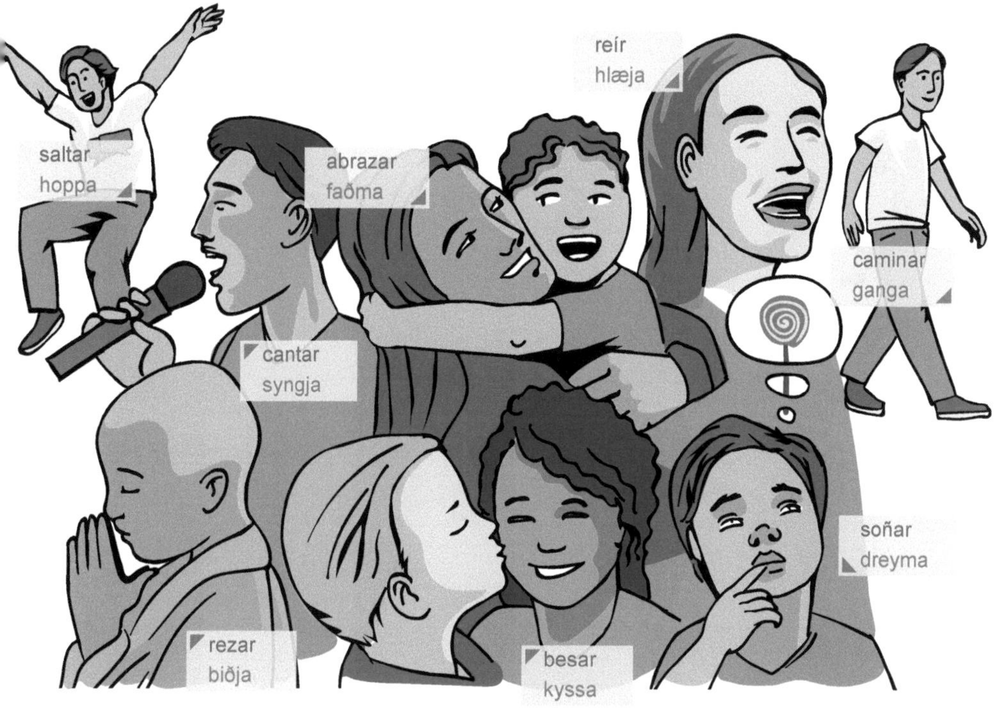

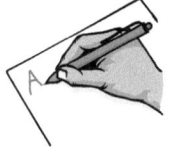

escribir

skrifa

dibujar

teikna

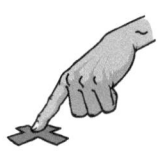

mostrar

sýna

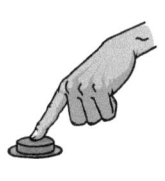

presionar

ýta

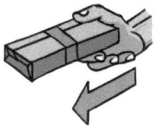

dar

gefa

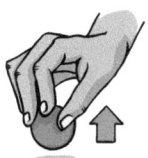

tomar

taka

tener

hafa

hacer

gera

ser

vera

estar parado

standa

correr

hlaupa

tirar

draga

tirar

kasta

caer

detta

estar acostado

ljúga

esperar

bíða

llevar

bera

estar sentado

sitja

vestirse

klæða sig

dormir

sofa

despertar

vakna

mirar

líta á

llorar

gráta

acariciar

strjúka

peinar

greiða

hablar

tala

entender

skilja

preguntar

spyrja

escuchar

hlusta

beber

drekka

comer

borða

ordenar

taka til

amar

elska

cocinar

elda

manejar

keyra

volar

fljúga

navegar

sigla

calcular

reikna

leer

lesa

aprender

læra

trabajar

vinna

casarse

giftast

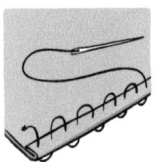

coser

sauma

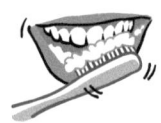

cepillarse los dientes

bursta tennur

matar

drepa

fumar

reykja

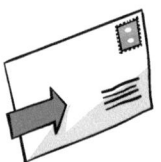

enviar

senda

la familia
fjölskylda

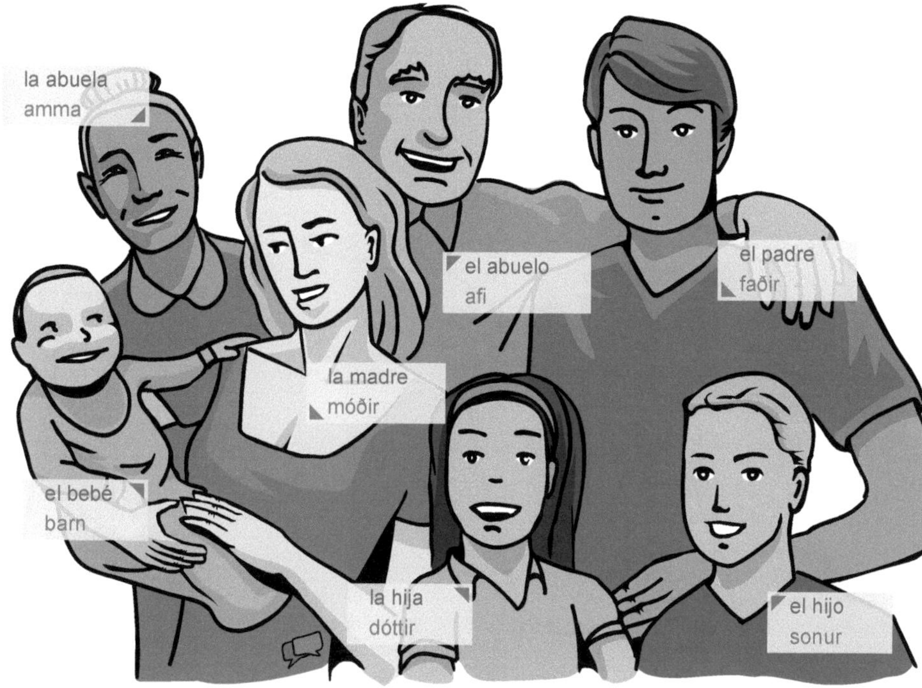
la abuela
amma
el abuelo
afi
el padre
faðir
la madre
móðir
el bebé
barn
la hija
dóttir
el hijo
sonur

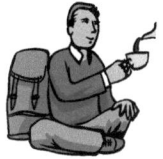

el invitado

gestur

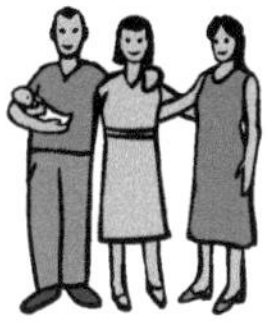

la tía

frænka

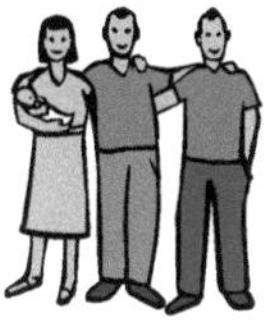

el tío

frændi

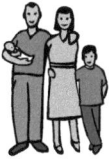

el hermano

bróðir

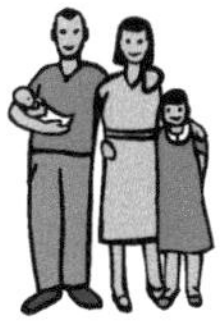

la hermana

systir

el cuerpo
líkami

la frente
enni
el ojo
auga
el hombro
öxl
el dedo
fingur
la cara
andlit
la pera
haka
la mano
hönd
la pierna
fótleggur
el pecho
brjóst
el brazo
handleggur

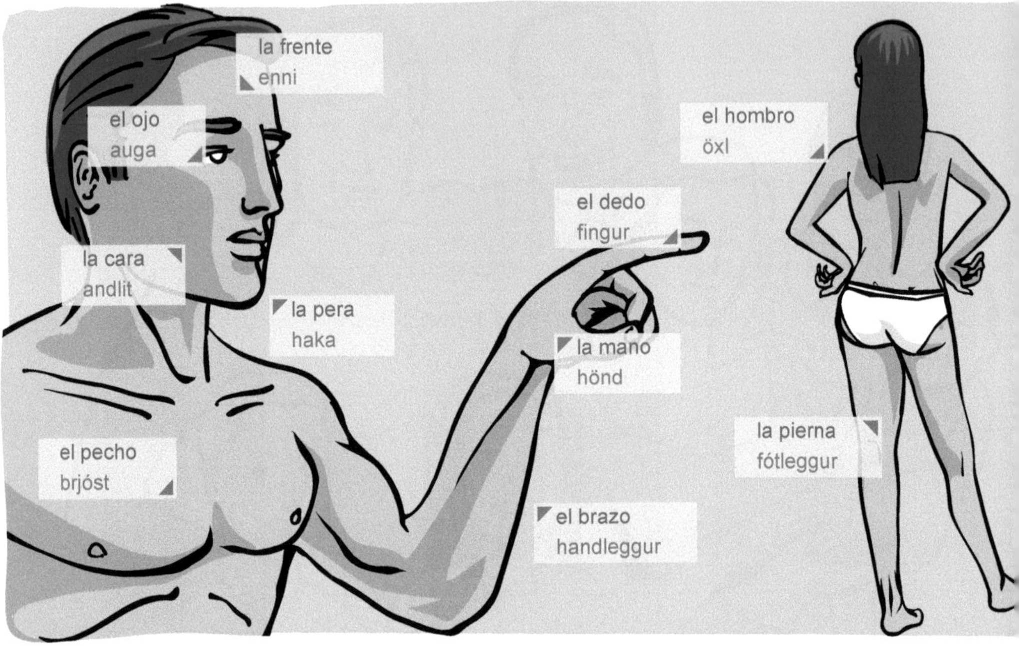

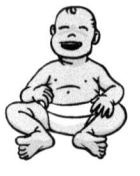

el bebé
barn

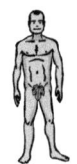

el hombre
maður

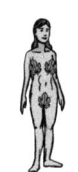

la mujer
kona

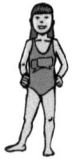

la nena
stúlka

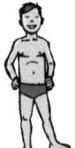

el nene
drengur

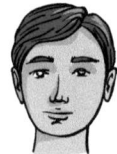

la cabeza
höfuð

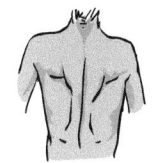

la espalda

bak

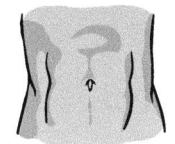

la panza

kviður

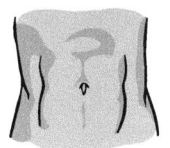

el ombligo

nafli

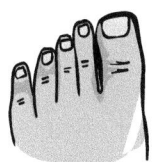

el dedo del pie

tá

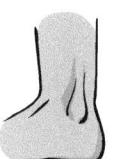

el talón

hæll

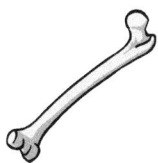

el hueso

bein

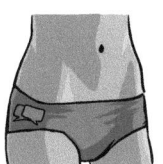

la cadera

mjöðm

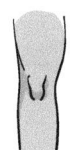

la rodilla

hné

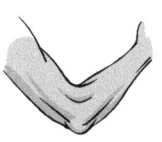

el codo

olnbogi

la nariz

nef

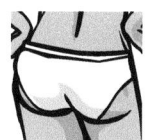

la cola

rass

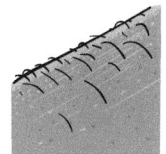

la piel

húð

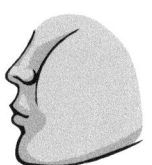

el cachete

kinn

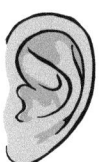

la oreja

eyra

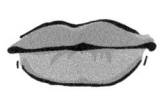

el labio

vör

la boca
munnur

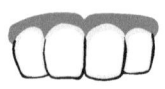

el diente
tönn

la lengua
tunga

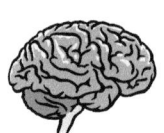

el cerebro
heili

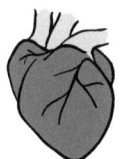

el corazón
hjarta

el músculo
vöðvi

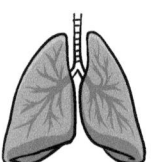

el pulmón
lunga

el hígado
lifur

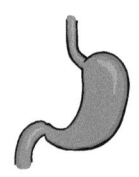

el estómago
magi

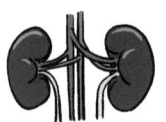

los riñones
nýru

el sexo
kynmök

el preservativo
smokkur

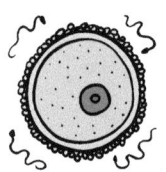

el óvulo
eggfruma

el semen
sæði

el embarazo
ólétta

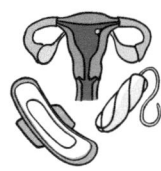

la menstruación
....
tíðir

la vagina
....
leggöng

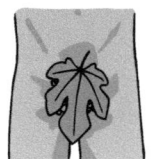

el pene
....
typpi

la ceja
....
augabrún

el pelo
....
hár

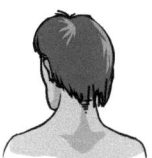

el cuello
....
háls

el hospital
sjúkrahús

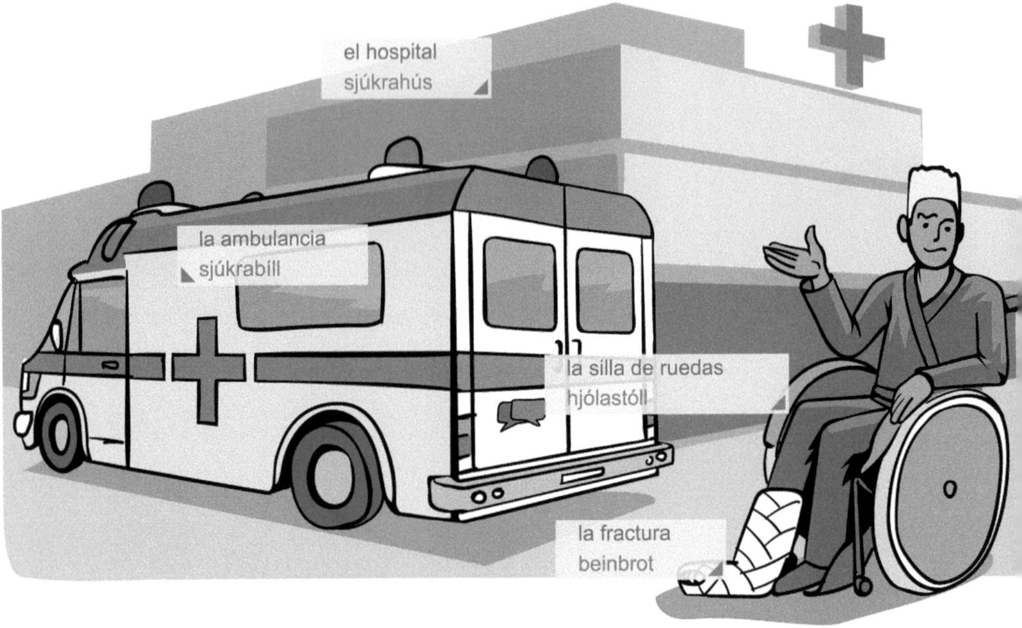

el hospital
sjúkrahús
la ambulancia
sjúkrabíll
la silla de ruedas
hjólastóll
la fractura
beinbrot

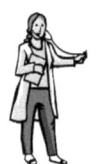

el médico

læknir

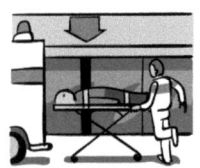

la sala de guardia

bráðamóttaka

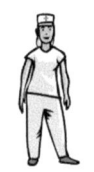

la enfermera

hjúkrunarfræðingur

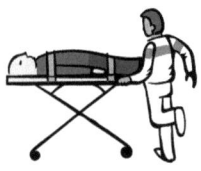

la emergencia

neyðartilvik

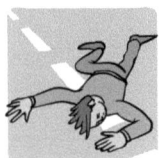

inconsciente

meðvitundarlaus

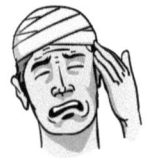

el dolor

verkir

la lesión
meiðsli

la hemorragia
blæðing

el infarto
hjartaáfall

el ACV
heilablóðfall

la alergia
ofnæmi

la tos
hósti

la fiebre
hiti

la gripe
flensa

la diarrea
niðurgangur

el dolor de cabeza
höfuðverkur

el cáncer
krabbamein

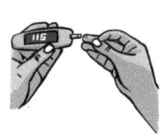

la diabetes
sykursýki

el cirujano
skurðlæknir

el bisturí
skurðhnífur

la operación
aðgerð

la TC

sneiðmyndataka

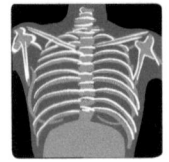

los rayos x

röntgengeisli

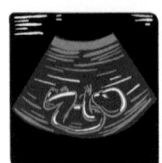

la ecografía

ómskoðun

el barbijo

andlitsgríma

la enfermedad

sjúkdómur

la sala de espera

biðstofa

la muleta

hækja

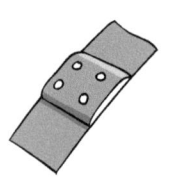

la curita

gifs

la venda

sáraumbúðir

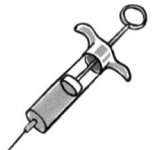

la inyección

sprauta

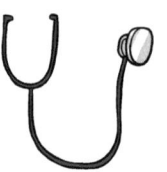

el estetoscopio

hlustunarpípa

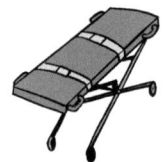

la camilla

börur

el termómetro

líkamshitamælir

el nacimiento

fæðing

el sobrepeso

yfirvigt

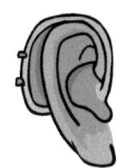

el audífono

heyrnartæki

el desinfectante

sótthreinsiefni

la infección

sýking

el virus

veira

el VIH / SIDA

HIV / AIDS

el remedio

lyf

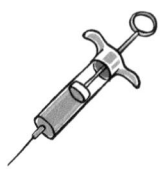

la vacunación

bólusetning

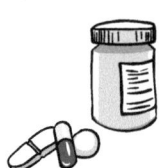

los comprimidos

töflur

la pastilla anticonceptiva

pilla

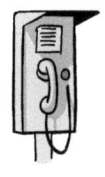

la llamada de emergencia

neyðarsímtal

el tensiómetro

blóðþrýstingsmælir

enfermo / sano

lasinn / heilbrigður

¡Ayuda!

Hjálp!

la alarma

viðvörun

la agresión

líkamsárás

el ataque

árás

el peligro

hætta

la salida de emergencia

neyðarútgangur

¡Fuego!

Eldur!

el matafuego

slökkvitæki

el accidente

slys

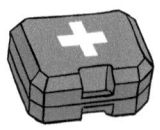

el botiquín de primeros auxilios

skyndihjálparbúnaður

el SOS

SOS

la policía

lögregla

Europa

Evrópa

América del Norte

Norður-Ameríka

América del Sur

Suður-Ameríka

África

Afríka

Asia

Asía

Australia

Ástralía

el Atlántico

Atlantshaf

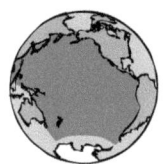

el Pacífico

Kyrrahaf

el Océano Índico

Indlandshaf

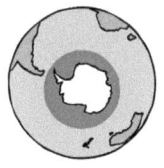

el Océano Antártico

Suður-Íshaf

el Océano Ártico

Norður-Íshaf

el polo norte

Norðurpóll

el polo sur

Suðurpóll

la Antártida

Suðurskautslandið

la Tierra

Jörð

la tierra

land

el mar

sjór

la isla

eyja

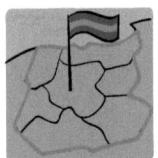

la nación

þjóð

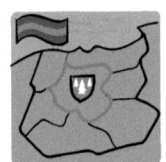

el estado

ríki

la esfera

klukkuskífa

la manecilla de las horas

litli vísir

el minutero

stóri vísir

el segundero

sekúnduvísir

¿Qué hora es?

Hvað er klukkan?

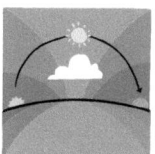

el día

dagur

la hora

tími

ahora

nú

el reloj digital

tölvuúr

el minuto

mínúta

la hora

klukkustund

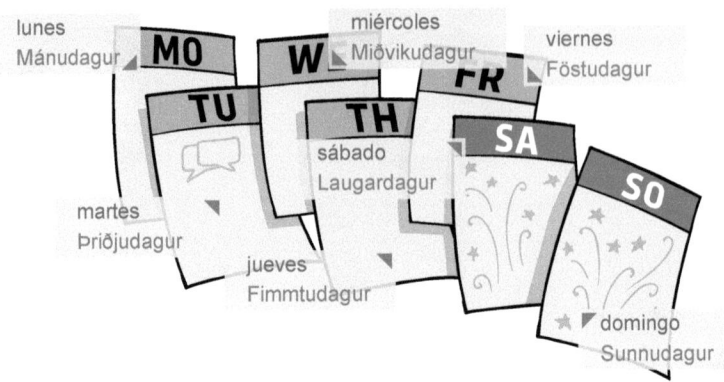

lunes
Mánudagur

miércoles
Miðvikudagur

viernes
Föstudagur

martes
Þriðjudagur

sábado
Laugardagur

jueves
Fimmtudagur

domingo
Sunnudagur

ayer

í gær

hoy

í dag

mañana

á morgun

la mañana

morgunn

el mediodía

hádegi

la tarde

kvöld

los días hábiles

virkir dagar

el fin de semana

helgi

la lluvia
rigning

el arco iris
regnbogi

la nieve
snjór

el viento
vindur

la primavera
vor

el otoño
haust

el verano
sumar

el invierno
vetur

4.APRIL	11°	☀
5.APRIL	4°	☁
6.APRIL	13°	☂
7.APRIL	8°	❄
8.APRIL	10°	❄

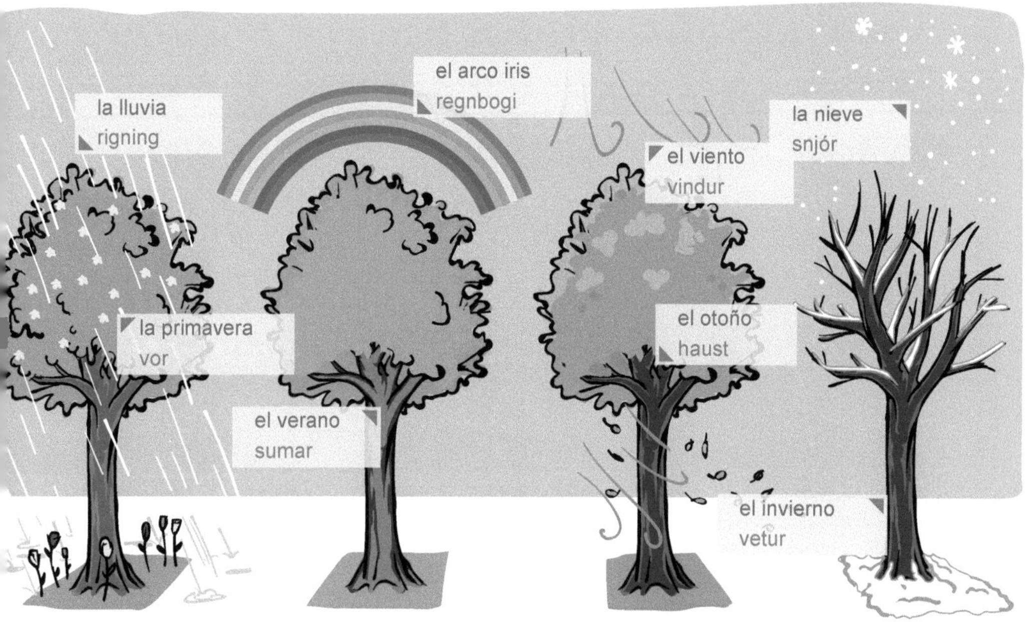

pronóstico meteorológico

veðurspá

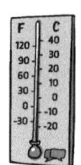

el termómetro

hitamælir

la luz del sol

sólskin

la nube

ský

la niebla

þoka

la humedad

raki

el rayo

eldingar

el trueno

þrumuveður

la tormenta

stormur

el granizo

haglél

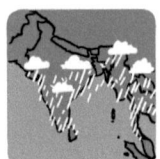

el monzón

monsún

la inundación

flóð

el hielo

ís

enero

Janúar

febrero

Febrúar

marzo

Mars

abril

Apríl

mayo

Maí

junio

Júní

julio

Júlí

agosto

Ágúst

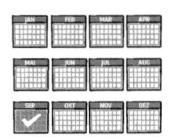

septiembre

September

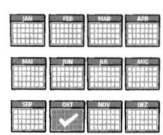

octubre

Október

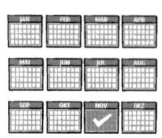

noviembre

Nóvember

diciembre

Desember

el círculo

hringur

el cuadrado

ferningur

el rectángulo

rétthyrningur

el triángulo

þríhyrningur

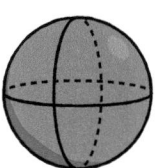

la esfera

kúla

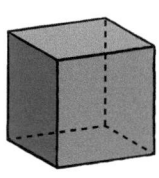

el cubo

teningur

blanco

hvítur

amarillo

gulur

naranja

appelsínugulur

rosa

bleikur

rojo

rauður

violeta

fjólublár

azul

blár

verde

grænn

marrón

brúnn

gris

grár

negro

svartur

mucho / poco

mikið / lítið

enojado / tranquilo

reiður / rólegur

lindo / feo

fallegur / ljótur

el principio / el fin

upphaf / endir

grande / chico

stór / lítill

claro / oscuro

bjartur / dimmur

el hermano / la hermana

bróðir / systir

limpio / sucio

hreinn / óhreinn

completo / incompleto

heill / ófullnægjandi

el día / la noche

dagur / nótt

muerto / vivo

dauður / lifandi

ancho / angosto

breiður / mjór

comestible / no comestible

ætur / óætur

malo / amable

vondur / góður

entusiasmado / aburrido

spenntur / leiður

gordo / flaco

feitur / mjór

primero / último

fyrstur / síðastur

el amigo / el enemigo

vinur / óvinur

lleno / vacío

fullur / tómur

duro / blando

harður / mjúkur

pesado / liviano

þungur / léttur

el hambre / la sed

svangur / þyrstur

enfermo / sano

lasinn / heilbrigður

ilegal / legal

ólöglegur / löglegur

inteligente / estúpido

greindur / heimskur

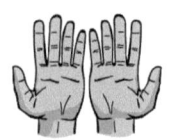

izquierda / derecha

vinstri / hægri

cerca / lejos

nálægur / fjarlægur

nuevo / usado

nýr / notaður

nada / algo

ekkert / eitthvað

viejo / joven

gamall / ungur

encendido / apagado

kveikt / slökkt

abierto / cerrado

opna / loka

silencioso / ruidoso

Lágvær / hávær

rico / pobre

ríkur / fátækur

correcto / incorrecto

rétt / rangt

áspero / suave

grófur / sléttur

triste / contento

orgbitinn / hamingjusamur

corto / largo

stutt / lengi

lento / rápido

hægt / hratt

mojado / seco

blautur / þurr

caliente / frío

heitur / kaldur

guerra / paz

stríð / friður

0

cero

núll

1

uno

einn

2

dos

tveir

3

tres

þrír

4

cuatro

fjórir

5

cinco

fimm

6

seis

sex

7

siete

sjö

8

ocho

átta

9

nueve

níu

10

diez

tíu

11

once

ellefu

12

doce

tólf

13

trece

þrettán

14

catorce

fjórtán

15

quince

fimmtán

16

dieciséis

sextán

17

diecisiete

sautján

18

dieciocho

átján

19

diecinueve

nítján

20

veinte

tuttugu

100

cien

hundrað

1.000

mil

þúsund

1.000.000

el millón

milljón

el inglés

Enska

el inglés americano

Amerísk enska

el chino mandarín

Mandarin-kínverska

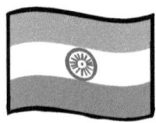

el hindi

Hindí

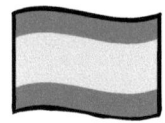

el español

Spænska

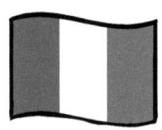

el francés

Franska

el árabe

Arabíska

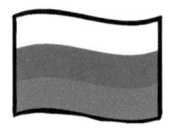

el ruso

Rússneska

el portugués

Portúgalska

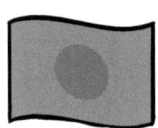

el bengalí

Bengali

el alemán

Þýska

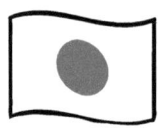

el japonés

Japanska

yo

ég

vos

þú

él / ella

hann / hún / það

nosotros

við

ustedes

þú

ellos

þeir

¿quién?

hver?

¿qué?

hvað?

¿cómo?

hvernig?

¿dónde?

hvar?

¿cuándo?

hvenær?

el nombre

nafn

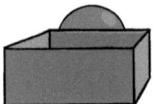

detrás

bakvið

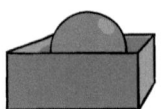

en

í

adelante de

fyrir framan

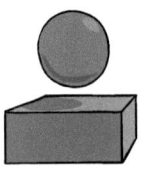

por encima de

yfir

sobre

á

debajo de

undir

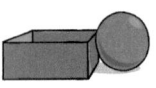

al lado de

við hliðina

entre

milli

el lugar

sæti